Elogios del Manual

"Felicitaciones a Catherine Pascuas por compartir todo lo que ha aprendido con su perspectiva de vida única y como presentadora del podcast The Autism Show, y por brindarnos herramientas simples, eficaces y fáciles de usar con el Manual de Actividades para el Autismo. Catherine Pascuas ha conseguido "captar" que no existe una solución universal. Encontré muchas herramientas y ejercicios útiles y reales que ayudarán a muchos en el espectro, a sus maestros y a sus familias. ¡Felicidades a la autora!

– Dr. Hackie Reitman,
defensor de la neurodiversidad, autor de Aspertools

"Nos encanta este libro lleno de juegos prácticos y sencillos para involucrar al niño autista y ayudarlo con su desarrollo. Son realistas, muy divertidos y lo mejor de todo, ¡sin costo!"

– Debby Elley,
co-editora de la revista AuKids

"El Manual de Actividades para el Autismo es una muy buena herramienta para los padres de niños pequeños con trastorno del espectro autista. La autora ha hecho un gran trabajo recopilando cosas divertidas que cualquier padre puede hacer con su hijo para conectarse y ayudarlo a comunicarse. Después de que mi hijo recibiera su diagnóstico de TEA me sentía perdida, anhelaba un manual que me enseñara a jugar con él y nos ayudara a ambos a ser capaces de comunicarnos. Cuando comenzamos ABA, nuestros terapeutas parecían tener un suministro interminable de juegos y actividades que mantenían feliz a mi hijo, aprendiendo y comunicándose. Ansiaba saber el secreto de cómo conseguían ese nivel de interacción con él.

El libro de Catherine pone todas esas herramientas en manos de los padres, e incluso incluye consejos para modificar cada actividad y adaptarla a las necesidades individuales del niño. Y aún más, el libro está organizado de tal manera que se pueden realizar actividades desde el primer momento, sin tener que leer el libro completo para empezarlas."

– Shannon Penrod,
presentadora de Autism Live

"El Manual de Actividades para el Autismo es muy fácil de usar. La autora establece las bases del libro según las etapas de desarrollo y comunicación para que el lector pueda identificar fácilmente las actividades apropiadas para un niño específico. Además, amplía esta base dando ejemplos de cómo adaptar cada actividad. Las actividades son fáciles de implementar, a la vez que están orientadas hacia un propósito claramente establecido, lo cual es muy útil para los educadores que trabajan en objetivos específicos. El formato, fácil de leer a través de viñetas, le ahorra tiempo al usuario. Un vistazo rápido informará al lector de los materiales necesarios y los pasos exactos a seguir para una sesión de enseñanza acertada y divertida. A través de su programa, la señorita Pascuas está al tanto de las necesidades de la comunidad autista y ha utilizado ese conocimiento para crear un libro que debería estar en la estantería de cada aula de clase y sala de terapia."

– Dra. Linda Barboa,
fundadora de Stars for Autism, Inc.

"Soy madre de dos niños autistas. Mantenerlos activos mientras aprenden cosas nuevas durante todo el día consume toda mi energía. Cuando nuestros niños son evaluados por profesionales nos dicen, "su hijo tiene problemas con la atención conjunta" o "tenemos que trabajar en el desarrollo de la fuerza del torso". Tener un recurso como este sería genial para que profesionales y padres lo usen como una guía de referencia rápida con ejercicios y juegos que ayuden a desarrollar estas habilidades. Los profesionales, en lugar de enviar a los padres a casa sin herramientas para usar con sus hijos en casa, podrían recomendarles este libro a la familia. Para una familia, este libro es una herramienta fácil de leer y las actividades parecen ser muy divertidas. Seguro las probaré en nuestra casa."

**– Shelli Allen,
presidente de Steps Care Inc.**

"Una increíble guía todo-en-uno para trabajar muchas habilidades de desarrollo cruciales en niños con autismo. Deberían darle este manual a todos los padres de niños con autismo, al igual que a todos los estudiantes universitarios que quieran convertirse en terapeutas. El libro contiene actividades divertidas y significativas organizadas con materiales, procedimientos paso a paso, alternativas y justificaciones. El tiempo y el esfuerzo que Catherine ha puesto para compartir su experiencia cambiarán las vidas de innumerables niños con autismo y sus familias."

**– Karen Kabaki-Sisto, M.S. CCC-SLP,
inventora de la aplicación para iPad
I Can Have Conversations With You!™**

"Este libro está lleno de valiosas actividades para ayudar a los niños con autismo a aprender y fomentar el desarrollo de sus habilidades lingüísticas, sociales y para la vida. Todo a través del juego; una manera perfecta de involucrar a los niños mientras aprenden. Está diseñado de manera tal, que las personas pueden acceder fácilmente a las actividades que deseen y pueden adaptarlas a las necesidades específicas del niño. Es un recurso perfecto cuando se trabaja con niños con autismo."

– Linda Mastroianni,
Entrenadora de vida certificada/
Asesora de autismo, SpeakingAutism.ca

"Este libro está lleno de intervenciones lúdicas y atractivas que profesionales y padres pueden implementar con niños afectados por el trastorno del espectro autista. Las intervenciones tratan todo el rango de problemas que los niños en el espectro enfrentan diariamente, como habilidades de comunicación, habilidades sociales, regulación emocional, habilidades para la vida, problemas motores y dificultades de ansiedad. Cada intervención está claramente presentada, con materiales de poco presupuesto y fáciles de entender e implementar. A profesionales y padres les encantará tener este recurso de intervenciones pensadas para atender las necesidades de esta población tan especial."

– Dr. Robert Jason Grant,
autor y creador de AutPlay® Therapy

"Como madre de un hijo adulto en el espectro, que luchó con problemas de habilidades motoras mayores y menores, y problemas de procesamiento visual y percepción de profundidad, un libro como este habría sido de gran ayuda. Estas actividades no sólo son adaptables a las habilidades de cada niño, sino que especifican habilidades transferibles, así como el uso de objetos que el niño utiliza en la vida cotidiana."

– Mari Nosal M.Ed.

"Es un placer encontrar un libro que brinda numerosas actividades prácticas, terapéuticas y de fácil implementación que atienden las diferentes habilidades de desarrollo. Las estrategias e ideas amplían los conocimientos para enriquecer la vida de los niños a través de actividades significativas. ¡Qué gran recurso para cualquier hogar, aula o entorno terapéutico!"

– **Lauren Brukner, MS, OTR/L,**
escritora y terapeuta ocupacional pediátrica.

EL MANUAL DE ACTIVIDADES PARA EL AUTISMO:

Actividades para ayudar a los niños a comunicarse, hacer amigos y aprender habilidades para la vida

CATHERINE PASCUAS

www.autismhandbooks.com
© Reservados todos los derechos a Catherine Pascuas, 2017
Ilustraciones de Robert Bull
Traducción al español de Elisa Prada

Visite el sitio web de la autora;
¡comentarios e ideas nuevas son bienvenidos!

www.autismshow.org; catherine@edxautism.com

ISBN 978-0-9951576-4-4
eISBN 978-0-9951576-5-1

Índice

Prefacio

Era un día soleado en Pensilvania. Se sentía en el aire el comienzo de la primavera. Sin embargo, cuando mi hijo y yo salimos de la consulta del pediatra de desarrollo, yo sólo sentía incertidumbre y tristeza. Ese fue el día en que mi hijo fue diagnosticado con autismo.

Nada prepara a un padre y a una madre para los complicados desafíos que trae el autismo. Como madre de dos niños con autismo lo entiendo muy bien. Constantemente busco libros y recursos para ayudar a mis hijos. Cuando se tiene una herramienta guía, el futuro se vuelve más brillante. La esperanza supera la incertidumbre y la emoción reemplaza la ansiedad. Disfruto de escribir libros como La Guía para Padres sobre la Terapia Ocupacional para el Autismo (*The Parent's Guide to Occupational Therapy for Autism*) y La Guía de Supervivencia para la Escuela de Necesidades Especiales (*The Special Needs School Survival Guide*) en los que puedo brindar estrategias y orientación a las familias de niños con autismo. Cuando presento actividades que he probado con mis propios hijos y clientes, me siento segura de recomendarlas a mis lectores.

Catherine Pascuas trae consigo habilidades únicas. Personalmente sé lo mucho que le apasiona ayudar a los niños con autismo. Su podcast semanal, The Autism Show, permite a destacados defensores, educadores, profesionales y organizaciones del autismo compartir sus inspiradoras historias y los mejores recursos con la comunidad autista global. Como especialista en comportamiento, Catherine fundó Edx Autism Consulting. Ella entiende cuál es la información que los padres necesitan y cómo presentarla de una manera atractiva para sus lectores. Catherine ha reunido a un equipo de expertos en autismo con el fin de brindarle al lector las técnicas más actuales. Los especialistas en comportamiento comprenden la importancia de que la familia reciba formación. ¡Cuando un cuidador se siente empoderado, se llena de entusiasmo y este se vuelve contagioso! Los niños se divierten mientras aprenden. Catherine entiende la necesidad de que los niños aprendan y mejoren sus conocimientos y experiencias para lograr superar los obstáculos que se avecinan.

Las actividades a lo largo de este libro no sólo hacen participativos a los niños, sino que también les enseñan habilidades cruciales para ser funcionales. Como terapeuta ocupacional sé que los niños aprenden jugando. El Manual de Actividades para el Autismo incluye actividades de comunicación, habilidades para la vida, coordinación y procesamiento sensorial, entre muchas otras. Es un libro muy completo y atractivo al que recurrirá una y otra vez. Una de mis actividades favoritas es "Cómo prepararse para una cita de juegos". Las reuniones sociales con frecuencia causan mucha ansiedad en niños y padres. Catherine proporciona instrucciones paso a paso para guiar a los lectores. La actividad "Juguete anti-estrés casero" proporciona consejos para realizar una actividad sensorial que los niños disfrutarán y usarán una y otra vez.

Cada vez que recurra a este libro, encontrará una actividad creativa y bien planificada que le ayudará a desarrollar habilidades para toda la vida. Estoy muy entusiasmada con este libro y le prometo que encontrará en él un recurso invaluable.

Cara Koscinski, MOT, OTR/L

Fundadora de The Pocket Occupational Therapist
Autora galardonada por The Parents Guide to Occupational Therapy for Autism (*La Guía para Padres de la Terapia Ocupacional para el Autismo*)

The Weighted Blanket Guide (*La guía para las mantas con peso*), y The Special Needs School Survival Guide (*La Guía de Supervivencia para la Escuela de Necesidades Especiales*).
Charleston, SC

Introducción

Este libro es para usted si es padre o madre de un niño en el espectro del autismo, o si trabaja con niños en el espectro del autismo como cuidador, terapeuta o maestro.

En los últimos siete años, trabajando individualmente con niños en el espectro del autismo y sus familias, he visto la necesidad de realizar actividades y juegos simples y fáciles que mantengan ocupados a los niños mientras aprenden. Después de todo, la mejor manera de aprender es jugando.

Sin embargo, no soy una experta. La mayoría de las ideas en este libro vienen de mentes brillantes y verdaderos expertos que han compartido algunas de sus ideas.

Espero que este libro sea un valioso recurso para su familia. El libro contiene juegos y actividades fáciles de implementar que su hijo puede realizar, dando como resultado una mejoría en el desarrollo del lenguaje, las habilidades sociales y las habilidades para la vida.

Cada juego es adaptable para satisfacer mejor las necesidades de los niños, sin importar su etapa de desarrollo o edad.

¡Diviértase!

"Tenemos que trabajar para mantener
la participación de estos niños en el mundo".

Dra. Temple Grandin, activista del autismo

Cómo usar este libro

Como padre, madre, cuidador, terapeuta o maestro, usted está ocupado con la rutina diaria. Pero, a así, quiere ayudar a su hijo en el espectro del autismo a aprender y crecer. Este libro ha sido escrito y organizado de manera sencilla, para que no tenga que leerlo completo. Por el contrario, puede tomar la información que necesite a medida que avanza para ayudar a su hijo a desarrollar el lenguaje, las habilidades sociales y las habilidades para la vida mientras se divierten.

Aquí hay cuatro reglas a seguir:

1. No lea este libro de principio a fin. Es posible que haya escuchado el infame refrán de que "si conoce un niño con autismo, conoce solo un niño con autismo". Esto significa que no todo en este libro se aplicará a su hijo (o al niño con el que está trabajando). También significa que puede escoger qué actividades del libro se aplican mejor a su niño. Para seleccionar una actividad basada en una meta o habilidad en la que su hijo esté trabajando, puede examinar el índice y buscar los capítulos que sean más relevantes. Una vez haya elegido una actividad puede empezar.

2. Comparta este libro. Si es pariente, comparta este libro con los maestros, tutores, niñeras y otras personas involucradas con su hijo. Muchas veces, las personas que trabajan con niños en el espectro se quedan sin ideas y actividades divertidas para ocupar a los niños.

Estos juegos y actividades creativas mantendrán al niño entretenido durante horas mientras le ayudan a aprender y mejorar sus habilidades de desarrollo.

3. Este libro evolucionará con sus comentarios y ayuda. Si encuentra errores o tiene ideas para compartir, envíe sus comentarios a <u>catherine@edxautism.com</u>.

4. ¡Diviértase! Este libro busca que usted interactúe con su hijo. Recuerde divertirse, que es una parte integral del aprendizaje.

Capítulo 1: Comunicación

Los niños en el espectro del autismo, y aquellos con otras condiciones, pueden tener problemas para comunicarse. ¿Cómo puede saber el nivel de comunicación de su hijo?

Etapa 1: No existe comunicación deliberada; reacciona ante sentimientos y situaciones.

Ejemplos: llorar, expresiones faciales, movimientos corporales, sonrisas y sonidos vocales básicos.

Etapa 2: Envía mensajes no verbales con un propósito deliberado usando gestos y/o sonidos.

Puede tratarse de comunicación para llamar la atención. En esta etapa es posible la atención conjunta. El niño comienza a entender ciertas palabras y frases y puede seguir instrucciones básicas. Una vez que el niño entiende el significado de ciertas palabras, puede aparecer la comunicación verbal.

Etapa 3: Usa vocabulario básico para expresar nombres de personas, objetos o acciones.

El habla se limita a palabras simples para expresar una idea. Por ejemplo, un niño puede decir "Papa" cuando señala la silla del papá. En esta etapa, algunas palabras pueden ser difíciles de entender si un niño usa una versión corta, como nano para banano.

Etapa 4: Frases de dos palabras.

En esta etapa, los niños hacen preguntas cambiando su tono de voz y usan frases como "¿Dónde mamá?"

Las actividades de este libro ayudarán principalmente a los niños en las etapas 3 y 4.

Ahora que sabe más acerca del nivel de comunicación de su hijo, puede pasar a las actividades de este capítulo.

¡A divertirse!

Completar la canción
(imitaciones e interacciones)

Esta actividad está diseñada para niños que tienen dificultad para hablar de manera espontánea o que son menos verbales. Esta actividad es muy estimulante e interactiva y ayudará al niño a comenzar a hablar usando canciones con las que está familiarizado. Quizás tenga querrá repasar un poco algunas canciones infantiles y afinar un poco la voz antes de probar esta actividad.

Materiales

- El juguete de actividad preferido del niño, por ejemplo: un columpio, una pelota de ejercicio grande o un trampolín pequeño.

Pasos

1. Anime al niño a realizar su actividad preferida, como balancearse en un columpio, rebotar en una bola de ejercicio grande o saltar sobre un trampolín pequeño.

2. Continúe la actividad mientras usted canta una canción infantil como la canción de las vocales o "El barquito chiquitito".

3. Cuando el niño se muestre interesado, deténgase y no cante el final de la canción.

4. Espere a que el niño complete la canción.

5. Repita esto varias veces.

6. Pruebe este ejercicio con más canciones o rimas. Preste atención a si el niño se interesa por cierta canción en particular.

Alternativas

Si su hijo es más grande o no le interesan las canciones infantiles, puede intentar cantar música popular que su hijo quizás conozca.

Aprender palabras nuevas
(construir vocabulario)

El vocabulario le da forma a nuestra manera de ver y conocer el mundo. Es necesario tener un vocabulario variado para lograr sobresalir en la escuela; además, mejorar el vocabulario les ayuda a los niños a desarrollar habilidades de lenguaje y alfabetización. Los padres y los educadores deben mantenerse un paso adelante del niño dándole forma a las palabras y conceptos que están más allá de su nivel de comprensión. Esto les ayudará a aprender vocabulario nuevo. No es sólo qué se dice, sino también cómo se dice.

Materiales

- Ninguno

Pasos

1. Hable sobre cosas que le interesan a su hijo. Siga la conversación que su hijo propone (así será más probable que él preste atención a sus palabras).

2. Proporcione explicaciones. Después de la primera infancia puede comenzar a usar un vocabulario más amplio. Hable de eventos en el futuro, por ejemplo, que tiene que ir al lavar el carro porque está sucio. Hable sobre acontecimientos del pasado ("¿Recuerdas cuando se estrellaron los carros?").

3. Espere y escuche. No bombardee al niño con charla constante. Dele a su hijo la oportunidad de responder haciendo una pausa después de decir algo.

4. De forma a las palabras con acciones. Use expresiones faciales, gestos y acciones apropiadas para dar indicaciones visuales a su hijo. Esto le ayudará a aprender y entender el significado de las palabras nuevas. Por ejemplo, puede bostezar o acostarse al explicar la palabra cansado.

5. Repetir, repetir y repetir. Repítale a su hijo la misma palabra en diferentes ocasiones. La mayoría de los niños deben entender el significado de una palabra antes de ser capaces de usarla.

6. Sea un diccionario humano. Cuando utilice vocabulario nuevo, proporcione una definición simple de la palabra para que su hijo pueda entender lo que esta significa. Si incluye a su hijo en el contexto le será más fácil entender el significado de la palabra nueva. Por ejemplo, si le quiere explicar la palabra ansioso a su hijo le puede decir: "¿Recuerdas tu cumpleaños y cómo te sentías ansioso? Pero después estuviste cómodo con tus nuevos amigos y te dejaste de sentir ansioso."

Alternativas

Si su hijo está todavía pequeño y le gusta jugar con carros de juguete, puede usar onomatopeyas como pi-pi o crash. Con un niño más grande puede usar palabras más avanzadas como mecánico o tráfico.

Usar burbujas para mejorar la comunicación
(formar oraciones)

Burbujas. Algunos niños pueden pasar horas haciendo y persiguiendo burbujas. Las burbujas son una excelente actividad que es económica e interactiva y ayuda a su hijo a que participe en juegos verbales y no verbales. Aquí, usaremos burbujas para animar al niño a comunicarse e interactuar con usted u otros niños. Durante el juego con burbujas puede animar a su hijo para que transmita mensajes como: "¡Más burbujas!".

Materiales

- Varitas para hacer burbujas.
- Solución de burbujas, comprada o hecha en casa (receta: mezcle 1 parte de jabón para platos con 3 partes de agua, agregue un par de cucharaditas de azúcar).

Pasos

1. Ubíquese frente a su hijo cara a cara. Es más fácil fomentar la interacción cuando se está al mismo nivel del niño.

2. Introduzca la actividad. Diga algo como "Es hora de hacer burbujas".

3. Comience a hacer burbujas. Haga una pausa y espere a que el niño se comunique, indicando que quiere más burbujas. Esto puede ser con una palabra o gesto: contacto visual, señalando la solución o queriendo agarrar la varita para hacer burbujas.*

4. Haga más burbujas. Vuelva a hacer una pausa para esperar más comunicación de parte del niño.

*Si al niño se le dificulta comunicarse, puede incorporar una señal para ayudar al niño a enviar un mensaje. Por ejemplo, acercarse al niño, mirarlo con expectación y decir la primera sílaba de la palabra. Si esto no funciona, puede decir una palabra o frase corta que el niño pueda imitarla.

Alternativas

Puede usar este juego durante una cita de juegos con otros niños. Si el niño puede hacer oraciones, anímelo a hacer comentarios más largos diciendo "¡Guau! ¡Esa burbuja es muy grande!" o "¡La atrapaste!". Luego espere a que el niño haga también comentarios. Si el niño necesita ayuda, diga algo para comenzar la oración: "Mira, esa burbuja..." y espere a que el niño termine la oración.

¡Apretón!
(formar oraciones)

Muchos niños con los que he trabajado disfrutan de la sensación de presión profunda. Recibir un apretón suave en un abrazo o entre cojines puede ser una experiencia calmante y gratificante para los niños. La presión profunda puede motivar a los niños a hablar formando oraciones.

Materiales

- Cojines del sofá o almohadas.

Pasos

1. Haga que el niño se acueste en un sofá y dígale que va a aplastarlo con el cojín o la almohada.

2. Utilice uno de los cojines o almohadas del sofá para aprisionar suavemente el torso o el brazo del niño. Aplique una presión suave. Si el niño disfruta de la sensación, puede presionar hasta 10 segundos.

3. Anime al niño a decir una oración corta, como "¡Estrújame!" o "¡Aprieta más!", o una oración más larga de tres palabras, como "Estrújame, por favor". Ubíquese al mismo nivel del niño para

que pueda preguntar haciendo contacto visual. Dele una señal útil si necesita ayuda. Aplique presión profunda de nuevo una vez el niño se lo pida.

4. ¡Tomen turnos y haga que el niño intente estrujarlo a usted!

Personajes enmascarados
(hacer/responder preguntas personales)

Muchos niños disfrutan de disfrazarse o actuar como sus personajes favoritos. Este juego es especialmente bueno si a su hijo le interesan los personajes de los dibujos animados. Este juego les ayuda a practicar la comunicación y la interacción mientras hacen y responden preguntas personales. Es una excelente manera de practicar cómo mostrar interés en los demás.

Materiales

- Internet
- Impresora
- Papel
- Lápiz o esfero
- 2 sillas

Pasos

Preparación

1. Busque en internet imágenes de personajes de dibujos animados.
2. Imprima las imágenes de los personajes de dibujos animados favoritos del niño. (Puede pegar la imagen de la cara del personaje en una varita para sostener frente a su cara o simplemente sostener la imagen impresa sobre su cara.)

3. Siéntese con el niño y piensen en preguntas que puedan hacerle a los personajes de dibujos animados, como "¿Cuál es tu nombre?" o "¿Quién es tu amigo?". Tal vez prefiera escribir las preguntas para que el niño las recuerde.

La entrevista

1. Coloque dos sillas una frente a otra. El niño se sienta en una y usted se sienta en la otra.

2. Sostenga una de las imágenes y dígale al niño que haga de cuenta que usted es el personaje de dibujos animados.

3. Permita que el niño le haga varias preguntas al personaje.

4. Repita el proceso para todos los personajes, tomando turnos con el niño como personaje.

El monstruo de la comida
(hacer/responder preguntas con "qué")

Hacerse el tonto puede ayudar a mantener a los niños motivados durante una actividad. En este juego, los niños aprenden y practican cómo hacer y responder preguntas con "qué" y usted se come un bocadillo. ¡Es una situación en la que todos ganan!

Materiales

- 3 platos con diferentes bocados de alimentos en cada uno (trozos de fruta, nueces, chocolates pequeños).
- Tenedor.

Pasos

1. Siéntese en una mesa con el niño. Coloque tres platos de comida.

2. Dígale al niño que le ayude a alimentarse.

3. Dígale al niño que pregunte: "¿Qué quieres comer?"

4. Dé una respuesta y haga que el niño tome el alimento con un tenedor y se lo dé. Asegúrese de hacer una cara de monstruo tonto o animado mientras come para llamar la atención del niño.

5. Cada vez que termine un bocado, pídale al niño que repita la pregunta: "¿Qué quieres comer?"

6. Continúe tomando turnos siendo el monstruo de la comida hasta que haya terminado los tres platos.

Alternativas

Este es un buen juego para la hora de la merienda, para una cita de juegos o con los hermanos. Una vez el niño entiende el juego, puede aumentar el número de platos de comida en la mesa.

Juego de memoria
(comunicación avanzada)

Los juegos por turnos son una muy buena manera de ayudar a los niños a aprender habilidades avanzadas de comunicación. Qué mejor manera de aprender a tomar turnos que con un juego de memoria con tarjetas, el mismo que jugaba cuando era pequeño. Este juego ayuda a los niños a hacer frases descriptivas simples.

Materiales

- Juego de memoria con tarjetas (tarjetas compradas o haga las suyas propias con imágenes duplicadas).

Pasos

1. Comience con dos pares de tarjetas (una vez que las habilidades del niño aumenten, puede agregar pares adicionales).

2. Coloque las tarjetas boca abajo en una cuadrícula.

3. Explíquele al niño que debe escoger dos tarjetas. Si las dos tarjetas coinciden, haga que el niño forme una oración. Por ejemplo, si

empareja dos leones el niño puede decir: "El gran león duerme en una cueva". Si las cartas no coinciden, devuélvalas a su posición inicial boca abajo.

4. Tome turnos.

¿Cómo me siento?
(expresar información emotiva)

Los niños necesitan una forma de expresar sus emociones. Mostrarles cómo llevar un diario es una buena manera de ayudarlos a iniciar la expresión emocional. Este juego es ideal para niños mayores que entienden frases completas.

Materiales

- Cuaderno.
- Marcador, esfero o lápiz.

Pasos

1. Haga que el niño decore y coloque su nombre en la portada de un cuaderno.

2. Mencione que usted escribirá en su diario al final del día mientras él o ella escriben en su diario al final del día.

3. Al final del día (o al final de una sesión), anime al niño a escribir una frase o dos sobre sus emociones ese día. Por ejemplo, el niño puede escribir, "Me dio rabia que Tommy tomara mi libro" o "Me alegró que hoy no hubo escuela".

4. También puede hacer que el niño dibuje una imagen para representar los sentimientos escritos.

5. Cree un horario (por ejemplo, una vez al día o tres veces a la semana) para que su hijo escriba en el diario.

Alternativas

Si al niño se le dificulta encontrar una emoción sobre la cual escribir, puede ayudarlo enumerando diferentes emociones en una página del diario.

Voz teatral
(entonación)

Algunos niños (y adultos) en el espectro sobresalen en el desempeño teatral. Esta actividad sencilla ayudará a su hijo a usar diferentes entonaciones, particularmente útiles si el niño tiende a usar una voz monótona.

Materiales

- Internet (para buscar un guión corto de dos personajes).
- Accesorios o disfraces.

Pasos

1. Busque en internet un guión apropiado para el nivel de desarrollo del niño (simple y corto) para dos personas (o escriba uno).
2. Lea el guión al niño y haga que elija un personaje para interpretar.
3. Haga que el niño elija los disfraces o accesorios apropiados.
4. Practiquen leyendo juntos el guión y explíquele al niño cómo usar su voz para mostrar las diferentes emociones del personaje.

Repita la obra varias veces hasta que el niño comience a usar diferentes entonaciones para interpretar al personaje. Luego, preséntesela a otros miembros de la familia.

Compartir fotos de insectos
(comunicación avanzada)

Utilice este divertido juego interactivo para hablar y escuchar a su hijo. Este juego es para niños que pueden mantener conversaciones simples. Todo lo que necesita es una cámara digital (o un teléfono inteligente con cámara).

A muchos niños les parecen interesantes los insectos; este juego es una buena manera de pasar tiempo en la naturaleza y aprender sobre ellos. Si su hijo tiene miedo o no está interesado en el mundo de los insectos, puede fácilmente sustituirlos por otras cosas interesantes que encuentre en un paseo por la naturaleza, como árboles u hojas.

Materiales

- Cámara digital o dispositivo para tomar fotografías.

Pasos

1. Haga una caminata corta por el vecindario y tome fotos de cosas que usted o su hijo encuentren interesantes. Por ejemplo, puede que usted encuentre una mariquita interesante y que el niño encuentre una hormiga.

2. Después de la caminata miren las fotos.

3. Tomen turnos explicándose mutuamente qué insecto está en la foto, qué sabe acerca de ese insecto (dónde está la cabeza, su color, etc.), y por qué cree que ese insecto es interesante.

Alternativas

Intente tomar fotos de cosas interesantes en diferentes contextos. Por ejemplo, tome fotografías de diferentes objetos que encuentre en una tienda de comestibles o de diferentes animales en un zoológico.

Atención conjunta
(comunicación avanzada)

La atención conjunta, la imitación y el juego de roles son increíblemente importantes para la comunicación y la interacción social. Enfocarse de manera temprana en estas importantes habilidades mejora las probabilidades de que los niños logren mejorar su comunicación.

Usted puede ayudar a su hijo a desarrollar estas habilidades. Recuerde que debe seguir el ejemplo de su hijo, prestando atención a sus intereses y darse cuenta de qué juguetes o actividades prefiere. Al unirse a la diversión con el niño, lo está preparando para la comunicación avanzada.

Materiales

- Ninguno.

Pasos

1. Preste atención y hable acerca las cosas que le interesan al niño en estos momentos.

   Por ejemplo, si a su hijo le gustan los carros, puede revisar su rutina diaria y encontrar que las siguientes actividades involucran carros:

   - Andar en carro cada día camino a la guardería
   - Ir al lavadero de carros
   - Echar gasolina al carro
   - Leer libros sobre carros

- Jugar con carros de juguete

1. Siéntese en el suelo o de rodillas al nivel del niño.

2. Hable sobre el objeto con el que el niño está jugando o mirando. Haga un comentario, como "¡Guau, ese carro es rápido!"

3. Participe del juego copiando lo que el niño está haciendo.

4. Una vez el niño está prestando atención, añada una acción relacionada y fíjese si el niño imita lo que está haciendo. Por ejemplo, si el niño está jugando con un juguete de cocina, imite en un principio lo que el niño está haciendo y luego trate de hacer algo diferente, como usar las ollas en la cocina de juguete.

5. Anime al niño a imitar sus acciones y haga que los dos participen del juego.

Hablar intencionadamente
(comunicación avanzada)

Algunos niños en el espectro pueden tener dificultades para usar la comunicación intencional, es decir, enviar mensajes con el fin de alcanzar un objetivo específico (ejemplo: pedir directamente una galleta). Cuando los mensajes de un niño son indirectos (parte de la comunicación temprana), comprender el mensaje puede ser difícil. Para construir una relación comunicativa con su hijo, empiece tratando de comprender el mensaje. Esta actividad fomenta la interacción y le proporciona a su hijo la oportunidad de transmitirle mensajes directos.

Materiales

- Papel y lápiz para tomar notas.

Pasos

1. Agáchese para estar al mismo nivel del niño y prestar atención a sus intereses y las cosas en las que concentra su atención. Cuando están cara a cara, es más fácil para su hijo mirarlo y comunicarse.

2. Haga una lista de los sonidos y ruidos que su hijo hace en ciertas situaciones. También tenga en cuenta lo que usted piensa que significan los sonidos y lo que su hijo está tratando de comunicar.

3. Diga y haga algo que coincida con el significado detrás del mensaje de su hijo. Esto ayuda al niño a hacer la conexión entre el comportamiento y el sentido. Por ejemplo, puede interpretar los mensajes de su hijo cuando mira las galletas en la mesa y hace un sonido, o cuando sonríe al ver y escuchar su juguete musical favorito. Usted puede decir, "¡Mmmm... galletas!" o "Quieres una galleta" y darle una galleta al niño. Puede sostener el juguete musical y decir: "Te gusta la música" o "¡Qué linda música!"

4. Anime a su hijo a enviar mensajes de actividades que tienen un objetivo claro, como recibir la merienda, saltar en el trampolín, hacerle cosquillas y así sucesivamente.

5. Haga una pausa y espere a que su hijo se comunique directamente con usted. Por ejemplo, puede ayudar a su hijo a saltar en el trampolín. Luego anímelo a decir "saltar" o una frase más larga antes de ayudarlo a saltar de nuevo.

6. Asegúrese de seguir el ejemplo de su hijo. Utilice sus actividades favoritas y deténgase una vez que él disminuya el interés.

Capítulo 2: Habilidades sociales

"Se deben enseñar habilidades de pensamiento social directamente a niños y adultos con TEA. Hacerlo abre las puertas del entendimiento social en todos los ámbitos de la vida."

Dra. Temple Grandin

¿Qué son las habilidades sociales?

Las habilidades sociales se relacionan con una o más de las siguientes habilidades:

- Habilidades de amistad: Hacer y mantener amigos, enfrentar la presión de grupo.

- Habilidades emocionales: Autorregular las emociones, leer expresiones faciales y lenguaje corporal.

- Habilidades de juego: Participar en juegos de roles y juegos que involucren imaginación, jugar con los demás, tomar turnos, sobrellevar pérdidas, enfrentar conflictos.

- Habilidades de conversación: Saludar, unirse a una conversación, ser consciente del espacio personal, terminar una conversación.

¿En qué áreas tienen dificultades los niños con autismo?

Los niños con autismo, con frecuencia, tienen dificultades con la interacción social, la comunicación verbal y no verbal y los juegos imaginativos. Enseñarle a su hijo habilidades sociales le abre oportunidades para que se involucre en la comunidad y pueda hacer amigos.

Por lo general, las habilidades sociales se desarrollan de forma natural con una orientación básica. Los niños en el espectro o con condiciones similares requieren de un mayor esfuerzo para aprender las habilidades sociales necesarias para desenvolverse en sociedad.

Muchos niños en el espectro pueden sentirse abrumados por las interacciones sociales con sus compañeros. Ayude a su hijo a practicar habilidades sociales en situaciones seguras, y simplifique las normas sociales explicándolas a un ritmo que un niño con autismo pueda entender.

Las actividades y juegos en este capítulo ofrecen ideas prácticas para ayudar a los niños a desarrollar habilidades sociales.

¿Qué estoy mirando?
(contacto visual)

El contacto visual demuestra que estamos interesados y escuchamos lo que otras personas están comunicando. Este juego enseña cómo el contacto visual atrae la atención. Su niño aprende a seguir sus ojos para ver en qué centra su atención.

Materiales

- 10 imágenes de objetos o personajes que le fascinen a su hijo.
- Cinta.

Pasos

1. Pegue las 10 imágenes en las paredes de la habitación.

2. Pídale al niño que se pare a un lado de la habitación y que observe sólo una de las imágenes.

3. Siga los ojos del niño para adivinar cuál es la imagen que el niño ha elegido.

4. Si adivina correctamente, quite la imagen de la pared.

5. Ahora es su turno. Permita que el niño adivine qué está usted mirando y que elija la imagen correcta.

6. Continúe el juego hasta eliminar todas las imágenes.

Alternativas

Puede utilizar estas ideas con niños más pequeños para aumentar el contacto visual espontáneo a través de señales no verbales:

1. Anteojos graciosos: Usar anteojos divertidos puede animar al niño a mirar sus ojos.

2. Apretón o cosquillas: Dele al niño un pequeño apretón o hágale unas cortas cosquillas (si eso le gusta) como un refuerzo no verbal.

3. Competencia de miradas: Haga una competencia de miradas con el niño. Quién mantenga por más tiempo el contacto visual, gana.

4. Pegatinas en los ojos: Coloque dos pegatinas justo encima de las cejas. Anime al niño a mirar las pegatinas mientras mantienen una conversación corta. Este no será un contacto visual directo, pero lo animará a mirar en la dirección correcta.

Sigue mi voz
(seguir instrucciones)

A los niños en el espectro, con frecuencia, se les dificulta seguir instrucciones. Este juego es similar al juego de Simón dice. La idea es ayudar a los niños a entender lo que se dice, escuchando en lugar de utilizar pistas visuales. Este juego puede resultar bastante difícil. Está enfocado en el procesamiento auditivo, seguir instrucciones y el control de impulsos. Puede jugarlo con el niño o con un grupo en la escuela, en programas sociales o incluso durante una cita de juegos.

Materiales

- Papeles o esteras de colores.

Pasos

1. Coloque los papeles o esteras de colores en el suelo y haga que los niños se paren alrededor de estos.

2. Pídale a los niños que lo miren mientras da las instrucciones.

3. Dígales que se muevan a un papel o esterilla de un color específico mientras sostiene un papel o esterilla de un color diferente. Por ejemplo, diga "Ir al cuadrado verde" mientras sostiene un cuadrado azul.

4. Haga que los niños tomen turnos para ser el líder.

Alternativas

Si la versión original del juego es demasiado difícil, intente estas versiones más sencillas:

- Pídales que copien sus acciones, pero que ignoren las instrucciones que dice en voz alta.

- Pídales a los niños que realicen una acción mientras usted realiza una acción completamente diferente. Por ejemplo, dígales que salten, mientras usted se acaricia la cabeza. (La acción correcta sería que el grupo obedezca su orden verbal de saltar.)

El juego de acciones
(tomar turnos)

Es increíblemente importante que los niños aprendan habilidades de tomar turnos como parte del desarrollo temprano de las habilidades sociales. Utilizar el movimiento (habilidades motoras) es una buena manera de aprender a tomar turnos mientras se divierten. Este juego es rápido y fácil de organizar y se puede jugar con un grupo de niños en la escuela o durante citas de juegos en casa. Anime al niño a crear diferentes variaciones del juego para aprender más habilidades.

Materiales

- Tiza.
- Un área pavimentada al aire libre.
- Una piedra pequeña.

Pasos

1. Dibuje un tablero de juego grande en el suelo con la tiza, similar a una cuadrícula de tic-tac-toe o tres en raya.

2. Escriba o dibuje instrucciones en cada cuadrado. Los niños pueden ayudar con este paso o a decorar los espacios.

3. Incluya instrucciones que hagan uso de habilidades motoras en cada cuadrado, como saltar 2 veces, saltar en un pie 4 veces, tocarse los pies 3 veces, girar 2 veces, y así sucesivamente.

4. Haga que el niño lance una piedra sobre el tablero para continuar.

5. El niño debe completar la acción del espacio donde cayó la piedra antes de que el siguiente jugador tome su turno.

6. Anime al niño a seguir el orden de los turnos.

Alternativas

Puede utilizar el mismo tablero de juego para ayudar al niño a aprender, además de habilidades motoras, letras, números y problemas de matemáticas. Por ejemplo, puede escribir en el tablero problemas de suma, resta, división y multiplicación adecuados para su nivel de habilidad y edad.

Cómo prepararse para una cita de juegos (jugar con amigos y hermanos)

Las citas de juegos pueden ser difíciles para los niños en el espectro a menos de que tenga un plan de acción. Siga esta guía para organizar una cita de juegos de manera exitosa. La capacidad de atención puede ser limitada en los niños, especialmente cuando son pequeños, por ello es mejor planear entre tres y cinco actividades para una cita de juegos de una hora. Tómese el tiempo de familiarizar al niño en el espectro con un juego específico. Por ejemplo, si va a usar un juego de mesa, haga que el niño juegue varias veces antes de la cita de juegos para que conozca bien las reglas. Esto le dará al niño la oportunidad de procesar lo que está pasando antes de interactuar con otros niños.

Limite la cita de juegos a un solo compañero. Las interacciones pueden ser abrumadoras para los niños en el espectro, por lo que el niño puede practicar rutinas de cita de juegos con un solo compañero antes de pasar a una cita de juegos en grupo.

A veces, es posible que tenga que intervenir para mantener positivas las interacciones entre los niños, pero permita que ciertas interacciones se produzcan de forma natural. Usted quiere que el niño pase un buen rato y tenga un recuerdo positivo de la cita de juegos, ¡así que recuerde mantener todo sencillo y divertido!

Pasos

1. Planee con anticipación: Piense en las habilidades en las que sobresale su hijo. Si a su hijo le gusta jugar con Legos o dibujar, este es un buen lugar para comenzar una interacción en una cita de juegos. También es bueno saber de antemano los intereses del compañero. ¡Sería perfecto si pudiese encontrar coincidencias en sus preferencias!

2. Manténgalo corto: Es más fácil mantener la atención de los niños por períodos de tiempo más cortos.

3. Planee un final: No olvide preparar al niño para el final de la cita de juegos. Practique usando una cuenta regresiva de cinco minutos para anunciar que la cita de juegos se terminará pronto. Ofrézcale una recompensa o incentivo para al niño después de que diga adiós o se despida de cualquier otra manera cuando el amigo se va.

Aquí tiene un ejemplo de cronograma para una cita de juegos:

- Primeros 10 minutos: Juego libre; los niños eligen su propia actividad preferida.

- Siguientes 10 minutos: Juego dirigido (por ejemplo, un juego de mesa).

- 15 minutos: Hora de la merienda.

- 10 minutos: Juego dirigido.

- 10 minutos: Juego al aire libre u otro juego dirigido.

- Últimos 5 minutos: Cuenta regresiva.

Más consejos para una cita de juegos exitosa:

- Los adultos pueden olvidar cómo juegan los niños. No deje que sus ideas preconcebidas de adulto interfieran con las interacciones de los niños.

- Ayude lo menos posible y trate de no avergonzar al niño corrigiendo sus acciones frente a sus compañeros.

- Manténgase atento. Preste mucha atención a los comportamientos sociales del niño mientras juega. Esto le permite identificar las habilidades sociales que el niño necesita practicar.

Respirar con el vientre
(comenzar una cita de juegos)

Comenzar una cita de juegos con ejercicios de respiración simples puede ser un buen calentamiento y puede ayudar a los niños a calmarse antes del encuentro. Estos ejercicios ayudan a aliviar la ansiedad y el estrés, y además ayudan a liberar emociones incómodas que son comunes en los niños en el espectro del autismo.

Fomentar la conciencia en la respiración ayuda a los niños a desarrollar estrategias de autorregulación que les permitean calmarse a sí mismos, y puede ser una buena estrategia de adaptación si el niño sufre ansiedad social.

Haga que los niños realicen juntos este ejercicio antes de comenzar cualquier actividad que requiera una mayor interacción. Respirar profundamente o hacer posturas de yoga al inicio de una cita de juegos ayuda a los niños a concentrarse.

Materiales

- Ninguno

Pasos

1. Sentarse en el suelo y hacer que los niños se sienten en el suelo frente a usted.

2. Pídale a los niños que imiten lo que usted hace. Para ayudar a los niños a visualizar la técnica de respiración adecuada, dígales que llenen sus estómagos de aire cuando inhalan.

3. Inhale por la nariz lentamente y llene sus pulmones.

4. Mantenga la respiración por cinco segundos.

5. Suelte lentamente el aire por la boca.

6. Repita la respiración con el vientre cinco veces.

7. Recuérdeles a los niños que este tipo de respiración es un buen ejercicio y una estrategia que pueden utilizar cuando están molestos.

Encestar la pelota de trapo
(actividad educativa para cita de juegos)

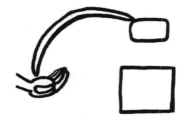

Las citas de juegos son un momento maravilloso para realizar juegos educativos que ayuden a practicar la toma de turnos y a desarrollar las habilidades sociales. En esta actividad, usted les hace preguntas a los niños (relacionadas con la escuela o de ejercicios de matemáticas, por ejemplo), mientras juegan a encestar una pelota. ¿Quién dijo que los juegos educativos tienen que ser aburridos?

Materiales

- Pelotas de trapo (o juguetes de peluche pequeños).
- Cestas o recipientes pequeños (de tamaño similar).

Pasos

1. Coloque la cesta en el suelo a unos cuantos pasos de los niños.

2. Elija un tema para las preguntas: Preguntas sobre tareas o ejercicios de matemáticas como sumas o multiplicaciones. Puede escribir las preguntas en una hoja de papel para que pueda referirse a ellas fácilmente durante el juego.

3. Cada niño toma turnos para responder a las preguntas. Una respuesta correcta gana un lanzamiento de pelota.

4. Dé un punto por cada respuesta correcta y un punto por cada pelota encestada. Gana el niño con el mayor número de puntos al final del juego.

Marionetas
(actividad creativa para citas de juegos)

Los niños en el espectro del autismo con frecuencia son sobrecargados con rutinas de ejercicios estructurados en la escuela e incluso en sesiones de terapia en casa. Jugar con marionetas rompe esta rutina estructurada fomentando la creatividad y el juego imaginativo lo cual ayuda al niño a desarrollar pensamiento e ideas abstractas. Puede hacer esta actividad solo con el niño o durante una cita de juegos.

Materiales

- Marionetas o muñecos de peluche.

Pasos

1. Haga que los niños se sienten en el suelo con las marionetas.

2. Anime a los niños a hacer un espectáculo de marionetas. Es posible que necesite dirigir la obra y dejar que los niños sigan su ejemplo. Una vez que los niños están familiarizados con la idea de un espectáculo de marionetas, pueden crear su propias ideas para una obra.

Aquí hay algunas ideas para empezar:

- Salir a cenar: Haga que los muñecos ordenen comida en un restaurante ficticio y que luego coman.

- Cumpleaños: Imagine que es el cumpleaños de una de las marionetas. Haga que todas las marionetas se sienten en una mesa y canten "Feliz Cumpleaños". Haga que la marioneta que está cumpliendo años sople las velas de un pastel de mentiras.

- La hora de dormir: Haga que las marionetas realicen una rutina antes de acostarse, incluyendo ponerse la pijama, cepillarse los dientes y así sucesivamente.

- Morder: Haga que una marioneta de algún animal pretenda morder al niño. Haga que la marioneta se vaya a tiempo fuera y que el animal se disculpe.

- Animar: Haga que las marionetas animen a la marioneta que está triste.

- Escuela: Haga que las marionetas pretendan estar en la escuela y asigne una marioneta como el maestro.

Alternativas

Para los niños a los que se les dificulta el pensamiento abstracto o la imaginación, puede buscar en línea guiones cortos y sencillos que los niños puedan seguir. Asegúrese de que los guiones sean apropiados para el desarrollo.

Caras en la pizarra
(reconocimiento emocional)

Algunos niños en el espectro tienen dificultades para reconocer respuestas emocionales faciales sutiles. Este juego ayuda al niño a practicar el reconocimiento facial y la inteligencia emocional de una manera divertida. Comprender los matices de los rasgos faciales ayuda a los niños a comprender las emociones y reacciones de otras personas y es parte del desarrollo de habilidades sociales.

Materiales

- Pizarra.
- Marcadores para pizarra.

Pasos

1. Dibuje una cara sin una característica facial (por ejemplo, sin una sonrisa, un ojo o una ceja).

2. Etiquete la imagen con una emoción, como ira, tristeza o felicidad.

3. Haga que el niño complete las partes faltantes de la cara.

Alternativas

Dependiendo del nivel de desarrollo del niño, ajuste el nivel de dificultad haciendo que su hijo busque pistas sobre la emoción. Por ejemplo, si el niño está en un nivel avanzado, deje que haga preguntas acerca de lo que la cara está sintiendo o qué tipo de situación haría que la cara sienta esa emoción.

Si el niño está en un nivel introductorio, dibuje toda la cara y haga que el niño etiquete la emoción.

El frasco de emociones
(compartir emociones y sentimientos)

A veces a los niños se les dificulta expresar sus sentimientos, especialmente a los niños en el espectro del autismo. Este juego les ayuda a ordenar sus emociones usando una apoyo visual y es ideal para ayudar a los niños con la expresión y la regulación emocional.

Materiales

- Pompones de diferentes colores.
- Frasco transparente.

Pasos

1. Haga que el niño asigne un sentimiento a cada color de pompón. Por ejemplo, el azul puede significar frustración y el rojo puede significar ira.

2. Haga que el niño etiquete la emoción que siente, tome el pompón correspondiente y lo coloque en el frasco.

3. Dígale al niño que siga añadiendo pompones por cada emoción diferente que esté sintiendo. Por ejemplo, si está teniendo sentimientos encontrados sobre el primer día de clases, puede elegir un pompón azul que represente su tristeza, uno rojo que represente su ansiedad o preocupación y uno verde que represente lo emocionado que está.

4. Mezcle todos los pompones en el frasco y explíquele al niño que es normal tener una mezcla de sentimientos.

5. Pregúntele qué emoción es la más grande y dígale que agregue más pompones. Por ejemplo, si se siente mayormente ansioso o preocupado por el primer día de clases, haga que el niño agregue más pompones rojos al frasco.

6. Si el frasco está lleno principalmente con emociones positivas, coméntele que es normal sentirse un poco nervioso o triste. Si el frasco está lleno principalmente con emociones negativas, hable con el niño sobre cómo resolver el problema o enfrentar estas emociones.

Conexiones fotográficas
(mostrar interés en los demás)

Interesarse en los demás es una parte importante del desarrollo social. Este juego ayuda al niño a aprender detalles acerca de sus compañeros sin el estrés de las interacciones uno-a-uno. En este juego, dejamos que la cámara hable. ¡Que comiencen las conexiones!

Materiales

- Cámara digital o un teléfono inteligente.
- Papel.
- 4 personas.

Pasos

1. Anime al niño a buscar cuatro amigos o familiares que le dejen tomar varias fotos de ellos. Es posible que necesite dirigir la sesión de fotos dependiendo del nivel de comunicación del niño.

2. Tome una fotografía de la primera persona y pídale que haga una pose diferente en cada una de las siguientes tres fotografías. Por ejemplo, pueden usar un sombrero en la segunda foto, cambiar su expresión facial en la tercera y quitarse los calcetines en la cuarta.

3. Repita este proceso con las otras tres personas. Usted debe tener un total de cuatro fotografías por cada persona.

4. Imprima todas las imágenes y coloque dos fotos de la misma persona una junto a la otra. Pegue las fotos en un pedazo de papel o imprímalas juntas en una página.

5. Muéstrele al niño cada página (con las dos imágenes).

6. Pídale al niño que nombre las diferencias entre las dos imágenes en la página.

7. Repita con los otros conjuntos de imágenes.

Alternativas

Si su hijo tiene dificultades, puede buscar fotos divertidas de personas que su hijo reconoce, como miembros de la familia.

Medidas divertidas
(mostrar interés en los demás)

Cuando era pequeña, me encantaba jugar con la cinta métrica del kit de costura de mi madre. Una cinta métrica es una cosa simple que puede mantener a los niños entretenidos durante largos períodos de tiempo. Este juego ayuda a que los niños se interesen en otros, uno de los primeros pasos en la interacción social. ¡Guarde el iPad y descubra cuánto mide!

Materiales

- Papel o cartulina.

- Lápiz o bolígrafo.

- Cinta métrica.

Pasos

1. En una hoja grande de papel o cartulina, escriba "Nombre" y enumere cinco medidas: altura, longitud del pie, longitud de la cara, longitud del dedo índice y ancho del pulgar.

2. Permita que su niño escriba por su cuenta otras tres zonas para medir y agréguelas al papel.

3. Haga que el niño tome sus propias medidas y las escriba bajo los títulos correctos.

4. Haga que el niño mida a sus compañeros o miembros de la familia. Es posible que necesite dirigir estas interacciones dependiendo del nivel de comunicación del niño.

Capítulo 3: Habilidades para la vida

"El objetivo principal de los padres, educadores y profesionales que interactúan con niños autistas es liberar su potencial para que lleguen a ser personas autosuficientes, totalmente integradas, que contribuyan a la sociedad. Tenemos el poder para liberar este potencial implementando una intervención estructurada y efectiva, que tenga en cuenta el desarrollo integral del niño."

Dra. Karina Poirier, Liberar el potencial social en el autismo

Es importante ayudar a los niños en el espectro del autismo a desarrollar habilidades prácticas para la vida, incluído el cuidado personal, que fomenten la independencia en el hogar y la comunidad. Las actividades de este capítulo ofrecen instrucciones y estrategias atractivas para enseñar estas habilidades.

¿Cuáles se considera que son habilidades para la vida?

Las habilidades para la vida incluyen habilidades básicas como la higiene y la seguridad personal, al igual que tareas como cocinar, limpiar, vestirse, ir de compras, ordenar en un restaurante, moverse y tomar decisiones saludables. Algunas de estas habilidades se superponen con las habilidades sociales.

¿Por qué es importantes enseñar habilidades para la vida?

Una mayor independencia conduce a mayores opciones de empleo y de vida para su hijo. Además, los niños que pueden hacer cosas por sí mismos tienen una mayor autoestima.

Programar actividades de habilidades para la vida

Cada familia funciona de manera diferente y sigue diferentes horarios, por lo tanto, no hay reglas estrictas sobre la frecuencia con la que se deben realizar estas actividades. La frecuencia depende de las capacidades del niño y el estilo de vida de la familia.

Cree su propia rutina diaria y semanal para incorporar estas actividades. Por ejemplo, trate de incorporar 15 a 20 minutos de actividades tres veces a la semana.

Si usted es padre, madre o cuidador, aquí hay algunas cosas a tener en cuenta en el momento de organizar una rutina diaria y semanal:

Piense en los momentos del día en que tiene 15 minutos de sobra. Tal vez sea por la tarde después de la escuela, justo antes de acostarse, o tal vez se puede tomar un descanso de 15 minutos durante la tarde.

¿Puede hacer de cualquiera de estas actividades algo regular en su vida familiar?

Adivinando el bocado
(comer)

La hora de comer puede ser una de las partes más estresantes del día. Los niños en el espectro del autismo con frecuencia son considerados caprichosos para comer. A algunos niños no les gustan los alimentos con un cierto color, olor o sabor. Este juego ayuda a los niños a divertirse mientras prueban alimentos nuevos. Pruebe escuchar música divertida justo antes y durante las comidas para ayudar a establecer el estado de ánimo. Si el niño se siente ansioso por probar alimentos nuevos, puede animarlo a jugar con los alimentos para ayudarlo a relajarse.

Materiales

- Frutas y/o verduras.
- Plato.
- Venda para ojos (opcional).

Pasos

1. Lave y seque las frutas y verduras. Mantenga entera la fruta o verdura.

2. Haga que el niño use una venda o cierre los ojos y trate de identificar cada fruta o verdura a través del tacto. Si el niño tiene problemas para identificar la fruta o verdura, dele pistas. Puede limitar los intentos para adivinar a tres antes de pasar al siguiente alimento.

3. Una vez el niño está listo para probar la fruta o verdura, córtela en trozos pequeños y haga que el niño trate de identificar la fruta por el olor y luego por el sabor.

Alternativas

Dele al niño toda la fruta o verdura dentro de una caja de cartón boca abajo con agujeros cortados para los brazos. Pídale al niño que toque la fruta o verdura y adivine qué fruta o verdura es.

Collar masticable
(masticado no deseado)

Algunos niños en el espectro del autismo tienen la tendencia a masticar cosas inapropiadas, como las mangas o cuellos de las camisas. Un niño que conocí tenía agujeros en toda su ropa. En esta actividad, usted ayudará al niño a hacer un collar comestible que pueda masticar.

Materiales

- Cuerda delgada o elástica.

- Cereal con agujeros (cereales en forma de rosquilla).

- Tijeras.

Pasos

1. Cortar la cuerda elástica para hacer un collar que cuelgue al menos tres pulgadas del cuello del niño.

2. Haga un nudo grande en un extremo de la cuerda.

3. Inserte el cereal, añadiendo más piezas hasta que el collar se llene.

4. Ate los extremos de la cuerda.

Alternativas

Haga una pulsera comestible si el niño no quiere un collar.

Juguete antiestrés casero
(regulación emocional)

Los juguetes anti-estrés ayudan al niño a calmarse antes de tener una crisis. (Nota: Es mejor realizar esta actividad cuando el niño está tranquilo.) Hacer un frasco brillante ayudará a los niños a regular sus emociones cuando sientan estrés o ansiedad. Al momento de hacer el frasco, podrá conversar con el niño acerca de los sentimientos para ayudarlo a expresar sus emociones. Una vez que el frasco para calmarse esté terminado colóquelo en una zona accesible, disponible cada vez que el niño necesite calmarse.

Materiales

- Aceite vegetal.

- Colorante para alimentos.

- Agua.

- Brillantina de colores.

- Frasco transparente.

- Marcador.

Pasos

1. Pregúntele al niño acerca de sentirse feliz o contento. Pídale que elija un color de brillantina que coincida con ese sentimiento.

2. Pregúntele al niño acerca de sentirse molesto. Haga que elija un color de colorante de alimentos que coincida con este sentimiento. Agregue una o dos gotas a un frasco con agua.

3. Mezcle todos los ingredientes (brillantina y una pequeña cantidad de aceite vegetal) en el recipiente con agua.

4. Selle y agite el frasco con cuidado y observe cómo el aceite y el agua se mezclan y se separan.

Carrera de obstáculos para la concentración (concentración y atención)

Concentrarse y prestar atención es con frecuencia un gran reto para los niños en el espectro del autismo. Con los niños más pequeños, trabajar en actividades paso a paso puede ayudarles a organizar el cerebro para concentrarse en una tarea. Esta actividad ayuda a los niños a organizar su cerebro usando una carrera de obstáculos. Lo mejor es realizar este juego antes que el niño se siente a hacer una actividad que requiera concentración. En este juego, los niños deben concentrarse para recordar las instrucciones de una carrera de obstáculos.

Materiales

- Materiales para el hogar.
- Una habitación, pasillo o espacio abierto.

Pasos

1. Cree una pequeña carrera de obstáculos utilizando diferentes materiales de uso doméstico. Por ejemplo, puede organizar dos sillas, una mesa y varias ollas y sartenes en el suelo. Puede hacer que el niño ayude a organizar la pista de obstáculos.

2. Dele al niño instrucciones específicas a tener en cuenta para completar la carrera de obstáculos.

Aquí tienen una muestra de una carrera de obstáculos:

- Dar la vuelta a la primera silla dos veces.

- Pasar por debajo de la mesa.

- Sentarse en la segunda silla durante cinco segundos.

- Bailar alrededor de las ollas y sartenes.

Alternativas

Para facilitar la participación, haga que el niño dibuje un mapa sencillo de la carrera de obstáculos en un pedazo de papel, incluyendo los materiales usados.

Con niños mayores puede ser necesario realizar una actividad más calmada, por ejemplo un crucigrama o rompecabezas de lógica, como preparación para una actividad que requiera concentración.

Ejercicios para la ansiedad
(regular los sentimientos de ansiedad)

Para los niños con ansiedad social, los grupos grandes pueden ser un desencadenante de la misma. Ejercitar varios grupos musculares reduce la ansiedad. La próxima vez que su hijo se ponga ansioso ante un grupo grande de personas, reserve de antemano un tiempo para estos ejercicios.

Materiales

- Pared (opcional).
- Objeto pesado (opcional).

Pasos

Enséñele al niño a realizar alguno o varios de los siguientes ejercicios durante unos minutos antes de entrar en una situación que desencadene su ansiedad social.

1. Saltar.

2. Realizar flexiones de pecho contra una pared.

3. Cargar un objeto pesado o una pelota pesada alrededor de la habitación.

Pesca divertida
(movimiento)

Pruebe este sencillo juego de pesca para ayudarle a su hijo a trabajar en sus habilidades motoras mayores. Necesitará algunas imágenes de internet.

Materiales

- Un pez hecho de papel o cartón ligero de aprox. 2 pulgadas o 5 cm de largo.

- Clips de papel.

- Imanes planos pequeños.

- Caña de pescar hecha a mano (un palo con una cuerda).

- Pegamento.

- Acceso a internet e impresora.

Pasos

1. Imprima imágenes simples que encuentre en internet de acciones en las que el niño está trabajando, como saltar, correr, gatear o lanzar.

2. Pegue la foto al pescado con pegamento o cinta adhesiva. Agregue un pequeño clip de papel a los peces.

3. Haga que el niño pesque el pez de papel uniendo el imán al extremo de la cuerda con los clips de papel de los peces.

4. Haga que el niño realice la acción marcada sobre el pescado que atrape.

Pintura con alimentos
(habilidades motoras finas)

Los niños en el espectro, con frecuencia, requieren ayuda adicional para practicar las habilidades motoras finas. Algunas de las actividades que implican habilidades motoras finas pueden ser aburridas. Muchos niños disfrutan de la sensación de pintar con los dedos, así que, ¿por qué no tratar de pintar con alimentos? Este juego de pintura alternativo utiliza cosas divertidas y usuales de la casa para hacer de la pintura (y de las habilidades motoras finas) una actividad divertida.

Materiales

- Pintura.
- Cartulina o papel grande.
- Utensilios de pintura de diferentes formas y tamaños (por ejemplo, palitos de vegetales, frijoles, uvas pasas).

Pasos

1. Comience con un utensilio de pintura grande, como un palito de algún vegetal.
2. Sumerja el utensilio en la pintura.
3. Dele una sugerencia al niño de qué pintar, como una casa o un árbol. Dependiendo del niño, es posible que necesite ayudarle a pintar guiando su mano o dibujando la forma de la imagen.

4. Comience a pintar con utensilios grandes (palitos de vegetales, hojas) y vaya avanzando hasta llegar a los más pequeños (frijoles, pasas).

Golpear la pelota
(habilidades motoras mayores)

Algunos niños en el espectro tienen dificultades con la coordinación corporal básica necesaria para sentarse, pararse, y mucho más. Pueden perder el interés por el deporte y la actividad física o tener baja autoestima debido a estas dificultades de coordinación. Este juego es simple y divertido y he visto a muchos niños utilizarlo con éxito para desarrollar su confianza cuando juegan a la pelota con otros niños.

Golpear la pelota ayuda a los niños a desarrollar el seguimiento visual (sin necesidad de videojuegos) y habilidades con la pelota, y también ayuda a los niños con habilidades propioceptivas (información sensorial que contribuye al movimiento y a tener un sentido de posición corporal).

Pero no entremos en tecnicidades. ¡Es hora de moverse!

Materiales

- Pelotas.
- Cuerda u otro objeto para colgar.
- Spandex o medias veladas.
- Bate de béisbol o raqueta de juguete.

Pasos

1. Coloque la pelota en el spandex o medias veladas (asegúrese de que la pelota no se caiga).

2. Ate el otro extremo del spandex o las medias veladas a una cuerda suspendida entre dos árboles o a cualquier otro punto para colgar.

3. Haga que el niño golpee la pelota con el bate o raqueta.

4. Ajuste el nivel de altura si la pelota es demasiado fácil de alcanzar para el niño.

Arriba y abajo en el ascensor
(habilidades motoras mayores)

Muchos niños en el espectro del autismo tienen una fascinación con los ascensores. En este juego, el niño construye su propio ascensor para sus juguetes mientras trabaja en sus habilidades motoras mayores y practica el arte de atar y desatar nudos (una habilidad muy útil).

Materiales

- Caja de pañuelos vacía.
- Juguetes pequeños como animales de peluche.
- Cuerda o soga fina.
- Un lugar para colgar la cuerda.

Pasos

1. Recorte un lado de la caja de pañuelos de forma que se asemeje a una cabina de ascensor (es posible que necesite ayudar al niño).

2. Haga un pequeño agujero en un extremo de la caja de pañuelos (el extremo superior de la cabina del ascensor).

3. Pase la cuerda a través del agujero y haga que el niño haga un nudo para sujetar la cuerda al ascensor.

4. Ponga la cadena o cuerda sobre la rama de un árbol robusto u otro lugar.

5. Coloque un juguete pequeño en la cabina del ascensor.

6. Haga que el niño vaya tirando de la cuerda hasta que el ascensor llegue a la parte superior. Luego haga que el niño poco a poco baje el ascensor hasta el suelo.

Alternativas

Para niños mayores, haga que el niño ate la cuerda directamente a un animal de peluche (utilice animales de peluche más grandes y pesados). Una vez que el animal de peluche llega al suelo, haga que el niño desate el nudo y repita con otro juguete de peluche. También puede hacer que el niño lleve la cuenta de cuántos juguetes/muñecos de peluche usan el ascensor.

Actividades de coordinación corporal
(coordinación bilateral)

La coordinación bilateral es necesaria para el uso de ambos lados del cuerpo a la vez. Piense en habilidades básicas para la vida como subir unas escaleras o andar en bicicleta. Estas habilidades necesitan los dos lados del cuerpo. Muchos niños con autismo necesitan un poco más de ayuda para desarrollar este tipo de coordinación.

Este juego ayuda a los niños a desarrollar la coordinación bilateral. Esto no sólo ayuda con el movimiento, sino que también ayuda a los niños a escribir y aprender (estas actividades usan los dos hemisferios del cerebro).

Materiales

- Tambor pequeño.
- Pelotas de trapo (opcional).
- Monedas.
- 2 recipientes pequeños.

Pasos

1. Tocar el tambor: Haga que el niño toque el tambor cruzando la mano derecha sobre la mano izquierda y viceversa.

2. Caminata cruzada: Haga que el niño camine hacia adelante cruzando su pie izquierdo sobre el derecho y viceversa, tratando de moverse en línea recta. Coloque pelotas de trapo en el suelo y haga que el niño intente pisarlas.

3. Rodillas arriba: Haga que el niño se toque la rodilla con la mano opuesta. Luego cambie de rodilla. Por ejemplo, si el niño levanta la rodilla izquierda, haga que el niño la toque con la mano derecha. Luego haga que el niño levante la rodilla derecha y la toque con la mano izquierda.

4. Lanzar monedas: Haga que el niño se siente en el suelo. Coloque dos recipientes pequeños en el suelo, uno en el lado izquierdo del niño y uno en la derecha. Dígale al niño que tire las monedas, una a la vez, usando la mano izquierda para tirar al contenedor de la derecha y la mano derecha para tirar al contenedor de la izquierda.

Paso de cangrejo
(ejercicios de estómago)

Esta actividad involucra los principales músculos del abdomen y la espalda necesarios para estar sentado en la escuela o en casa por largos periodos de tiempo. Sin un buen desarrollo del torso, el niño tendrá dificultades para permanecer sentado durante tareas que requieran mayor concentración. Al desarrollar este grupo central de músculos encontrará que la resistencia en las actividades que requieran movimiento y coordinación también mejorará.

Materiales

- Espacio en el suelo o el césped.
- Pelota de trapo o un juguete suave.

Pasos

1. Haga que el niño se ponga en posición de cangrejo (con manos y pies en el piso y el estómago mirando hacia arriba).

2. En primer lugar, haga que el niño camine hacia atrás, y luego haga que el niño camine hacia adelante. Establezca una distancia corta ya que esta actividad puede ser bastante difícil para los niños más pequeños. A medida que el niño es más hábil caminando como cangrejo, aumente la distancia.

3. Coloque una pelota de trapo (o un juguete suave) en el estómago del niño y dígale que camine como cangrejo sin dejar que la

pelota se caiga. Recuérdele al niño realizar movimientos lentos y controlados en lugar de correr.

Alternativas

Use esta actividad al aire libre y cree una carrera de obstáculos para que sea más difícil. ¡Involúcrese! Trate de tomar turnos con el niño. Esta también es una buena actividad al aire libre para citas de juegos.

Sobre la autora

Catherine Pascuas es especialista en autismo y fundadora de Edx Autism Consulting, en donde proporciona capacitación y asesorías a familias y organizaciones que apoyan a personas con autismo. Catherine incorpora su conocimiento de más de 9 años de trabajo con niños y asesorando a familias utilizando el Análisis Aplicado de la Conducta, SCERTS y la terapia de juego. Ofrece talleres presenciales, así como formación en línea y asesoría para familias a larga distancia.

Catherine también produce y presenta el podcast The Autism Show, un programa de entrevistas semanal con los principales expertos y agentes de cambio de la comunidad autista (incluyendo Temple Grandin, Areva Martin, y Tania Marshall).

Catherine vive en Vancouver y tiene un miembro de la familia en el espectro del autismo.